Anna Thekla Ruhe

Finger spielen Füße tanzen

Band 1:

Mitmachideen für Herbst und Winter

Gerne nehmen wir Ihre Anregungen, Wünsche, Kritik oder Fragen entgegen:
Don Bosco Medien GmbH, Sieboldstraße 11, 81669 München
Servicetelefon (0 89) 4 80 08-341

In Vorbereitung:
Im Frühjahr 2017 erscheint: Finger spielen, Füße tanzen. Band 2:
Mitmachideen für Frühling und Sommer, ISBN 978-3-7698-2280-9

Bibliografische Information der Deutschen Nationalbibliothek
Die Deutsche Nationalbibliothek verzeichnet diese Publikation in der Deutschen Nationalbibliografie; detaillierte bibliografische Daten sind im Internet über http://dnb.d-nb.de abrufbar.

1. Auflage 2016 / ISBN 978-3-7698-2249-6
© 2016 Don Bosco Medien GmbH, München
www.donbosco-medien.de
Umschlaggestaltung und -illustration: Liliane Oser, Hamburg
Innenlayout: ReclameBüro München
Illustrationen Innenteil: Eva Maria Gnettner, München
Lektorat: UNGER-KUNZ. Lektorat- und Redaktionsbüro
Satz: Don Bosco Medien GmbH, München
Produktion: Don Bosco Druck & Design, Ensdorf

Gedruckt auf umweltfreundlichem Papier

Inhalt

6 Vorwort

8 **Wenn die bunten Blätter tanzen**
Rhythmisch-bewegte und schaurig-schöne Spiele zur Herbstzeit

26 **Laterne, Laterne ...**
Stimmungsvolle Spiele mit Licht und Tanz zum St. Martinsfest

34 **Von Nikolaus-Eseln und Weihnachtsmann-Spuren**
Fröhliche Mitmachideen und Verse zum Nikolausfest

50 **Hurra, Weihnachten ist endlich da!**
Besinnliche Gedichte, Kreis- und Krippenspiele zur Weihnachtszeit

71 **Wintermann und Schneeballschlacht**
Lustige Theaterstücke und dynamische Reimspiele zur Winterzeit

86 Verzeichnis der Mitmachideen

Vorwort

Mit dem Herbst beginnt die Zeit, in der die Natur – für jeden sichtbar – eine besonders große, bunte Vielfalt an den Tag legt. Eicheln, Kastanien, Nüsse und die vielen bunten Blätter regen die Fantasie der Kinder auf unterschiedlichste Art und Weise an. Im Herbst feiern wir aber auch viele schöne Feste, die wohl jeder noch von seiner eigenen Kindheit her kennt und die auch heute noch für viele Menschen eine große Bedeutung haben.

Der vorliegende Band begleitet uns durch diese spannende Zeit vom Herbst bis in den Winter hinein. Hier werden alte Bräuche und Traditionen mit vielen neuen und interessanten Ideen verbunden, sodass wir diese Jahreszeiten mit allen Sinnen genießen können. Lustige Bewegungsreime – oft auch mit Tüchern, Taschenlampen, Musikinstrumenten o. Ä. –, kleine Spielreime, kurze Tanzspiele und Theaterstücke, besinnliche Gedichte oder auch ein Krippenspiel zur Weihnachtszeit sowie Klatsch- und Fingerspiele übernehmen dabei eine wichtige Rolle. In besonderer Weise wird dabei den Festen im Herbst und Winter, also dem Martinsfest, dem Nikolausfest und Weihnachten, Aufmerksamkeit geschenkt.

Wie schon im Band „Lustige Fingerfang- und Fadenspiele", spielt auch hier die Verbindung von Sprache und Bewegung sowie der Sprachrhythmus eine große Rolle. Die vielen Wortspielereien sind dabei für die Kinder besonders spannend: Sie entwickeln mit ihnen schnell ein Gefühl für die richtige Betonung, für ein gemeinschaftliches Sprachtempo und das richtige Einsetzen der Atmung.

Durch das Spielen mit der Stimme können Kinder ihre Sprachkompetenzen ausbauen. Dazu werden die gesprochenen Texte auf unterschiedlichste Art und Weise aufgelockert, z. B. durch abwechselnd lautes und leises, langsames oder schnelles Sprechen, durch das Sprechen in einer besonders hohen oder tiefen Stimmlage oder durch Summen; durch das Ersetzen des eigentlichen Textes durch die Selbstlaute a, e, i, o, u oder Mitlaute, wie la, le, pi, pu usw., oder Tierlaute. Weitere Möglichkeiten sind: die Texte mit angespitzten oder breiten Lippen sprechen; die Stimme geheimnisvoll, abgehakt (Robotersprache) oder als „Singsang" klingen lassen; leise anfangen und die Lautstärke allmählich steigern; die Nase oder die Ohren beim Sprechen zuhalten usw. Oder aber die Kinder gehen beim Sprechen mit rhythmischen Bewegungen durch den Raum, wenden sich, im Kreis stehend, den Rücken zu, schließen dabei die Augen oder führen die Bewegungen ganz ohne Worte aus.

Viele der Spieleinheiten in diesem Buch lassen sich nur gemeinsam in der Gruppe umsetzen. So unterstützen sich die Kinder gegenseitig und bauen ein positives Verhältnis zueinander auf. Spielerisch lernen sie, Berührungsängste voreinander zu überwinden und die Spielregeln einzuhalten. Diese gemeinsamen Spiele stärken zudem das Gruppengefüge insgesamt und Streitigkeiten treten in den Hintergrund.

Da man für die Spiele nicht viel Platz benötigt und die wenigen Hilfsmittel einfach zu beschaffen sind, lassen sie sich ohne großen Aufwand problemlos bei jedem Stuhl- bzw. Morgenkreis, aber z. B. auch beim Nachmittagstreff einer Kindergruppe einsetzen. Sie eignen sich für kleine Aufführungen in und außerhalb von Kindertageseinrichtungen sowie für Feste, die man im Kreis der Familie gefeiert. Auch die kurzen und einfachen Anleitungen machen die Umsetzung der einzelnen Angebote in diesem Band besonders praxistauglich.

Lassen Sie sich nun durch das Buch in eine sinnliche und mit viel Freude verbundene Jahreszeit entführen. Ich wünsche Ihnen und den Kindern viel Spaß beim Mitmachen, Nachmachen und Vormachen.

Anna Thekla Ruhe

Wenn die bunten Blätter tanzen

Rhythmisch-bewegte und schaurig-schöne
Spiele zur Herbstzeit

Bewegungsreim

Die Piffelpaffelbinis

mündl. überliefert

Unten am Bahnhof, in dem dichten Nebel,	*Die Hände zunächst zum Boden führen und dann mit ihnen pantomimisch wie im dichten Nebel vor sich in der Luft herumtasten*
stehn die Piffelpaffelbinis dort in einer Reih'.	*Rhythmisch eine Reihe anzeigen*
Kommt der Schaffner, zieht an einem Hebel,	*Den Arm hochnehmen und pantomimisch einen Hebel ziehen*
macht es „pff, pff, tsch, tsch", schnell zieht die Lok vorbei.	*Rhythmisch weiterziehen und in eine Richtung zeigen*
Piffelpaffelmama steht im Zug am Fenster,	*Mit den Händen ein Viereck in die Luft zeichnen*
die Bäume fliegen vorbei, grad so wie Gespenster.	*Mit den Händen flattern*
Piffelpaffellausi winkt den Bäumen zu	*Zuerst mit erhobenem Zeigefinger und dann mit der ganzen Hand winken*
und erschreckt die Mama mit 'nem lauten „Buuh!"	*Die Hände zu einem Trichter formen, vor den Mund halten und laut „Buuh!" rufen*

Tipp: Machen Sie aus dem Piffelpaffelbinis-Text ein Sprachspiel und benutzen Sie dazu die im Vorwort erläuterten Anregungen (siehe S. 6f.).

Bewegungsreim

Wie der Wind, so geschwind

Langsam, langsam fängt es an, immer schneller drehn sich dann meine Finger, so geschwind, wie der Wind, wie der Wind!	*Die Zeigefinger vor dem Körper waagrecht nebeneinander halten und zuerst langsam und dann immer schneller umeinander herumrollen*
Langsam, langsam fängt es an, immer schneller drehn sich dann meine Hände, so geschwind, wie der Wind, wie der Wind!	*Die Hände vor dem Körper waagrecht nebeneinander halten und zuerst langsam und dann immer schneller umeinander herumrollen*
Langsam, langsam fängt es an, immer schneller drehn sich dann meine Arme, so geschwind, wie der Wind, wie der Wind!	*Die angewinkelten Unterarme vor dem Körper waagrecht nebeneinander halten und zuerst langsam und dann immer schneller umeinander herumrollen*
Und wenn ich nicht mehr will, dann sitze ich ganz still	*Die Arme zur Seite hin ausbreiten und ganz still sitzen*

Spielreim

Die kleine Eichelmaus

✂ **Material:** pro Kind eine Eichel (noch komplett mit dem Eichelhütchen); evtl. ein wasserfester Stift

Es kommt aus ihrem Eichelhaus die klitzekleine Eichelmaus.	*Die Eichel langsam aus dem Eichelhütchen herausholen*
Sie trippelt leise, tripp-di-trapp, die langen Wege auf und ab.	*Die Eichel an einem Arm hinauf- und hinunterhopsen lassen*
Sie piept mal laut und auch mal leis' und manchmal dreht sie sich im Kreis.	*Laut und leise sprechen Die Eichel um sich selbst kreisen lassen*
Man sieht sie nur kurz sitzen, meistens will sie aber flitzen.	*Die Eichel nicht bewegen Die Eichel schnell hin- und herflitzen lassen*
Sie trippelt dabei froh und munter die hohe Mauer rauf und runter.	*Die Eichel über den Oberkörper hopsen lassen*
Doch kommt das Eichhorn um die Eck', dann ist das Eichelmäuschen weg.	*Die Eichel hin- und herdrehen, als würde sie sich umschauen*
Schlüpft zurück ins Eichelhaus und darum ist das Spiel jetzt aus.	*Die Eichel schnell im Eichelhütchen verstecken*

🍁 **Tipp:** Mit einem wasserfesten Stift kann man den Eicheln die Augen, Nase, Barthaare und die kleine Ohren des Eichelmäuschens aufmalen.

Spielreim

Die Kastanienklopfer

Material: doppelt so viele Kastanien, wie Kinder an dem Spiel beteiligt sind

Und so wirds gespielt: Jedes Kind bekommt zwei Kastanien. Jeweils bei der ersten und dritten Zeile jeder Strophe werden die Kastanien rhythmisch gegeneinandergeklopft. Dazwischen wird mit ihnen der jeweils im Text genannte Körperteil berührt.

Klopf, klopf, klopf,
Kastanien auf den Kopf.
Klopf, klopf, klopf,
Kastanien auf den Zeh,
juche, juche, juche!

Klopf, klopf, klopf,
Kastanien auf den Kopf.
Klopf, klopf, klopf,
Kastanien auf das Knie,
juchi, juchi, juchi!

Klopf, klopf, klopf,
Kastanien auf den Kopf.
Klopf, klopf, klopf,
Kastanien auf den Po,
jucho, jucho, jucho!

Klopf, klopf, klopf,
Kastanien auf den Kopf.
Klopf, klopf, klopf,
Kastanien auf das Haar,
jucha, jucha, jucha!

Klopf, klopf, klopf,
Kastanien auf den Kopf.
Klopf, klopf, klopf,
Kastanien auf die Nas',
juchas, juchas, juchas!

Klopf, klopf, klopf,
Kastanien auf den Kopf.
Klopf, klopf, klopf,
Kastanien auf den Fuß,
juchus, juchus, juchus!

Kreisspiel

Die Wandernüsse

- **Material:** zwei Walnüsse
- **Und so wirds gespielt:** Die Kinder stehen im Kreis und geben die beiden Nüsse entsprechend der Angabe im Text an ihre Nachbarn weiter.

Leise, leise, leise, zwei Nüsse gehn auf Reise.	Gleichzeitig eine Nuss links- und die andere rechtsherum im Kreis weitergeben
Schau nur, wie sie wandern, von einer Hand zur andern	Die Nüsse weiter im Kreis herumwandern lassen
Um sie zu begrüßen, stampfen wir mit Füßen.	Beim Weitergeben gleichzeitig mit den Füßen stampfen
Nun laufen sie geschwind, zum nächsten Kind, zum nächsten Kind.	Die Nüsse in schnellem Tempo weitergeben
Wir nehmen sie mit Fingerspitzen und lassen sie so weiterflitzen.	Die Nüsse beim Weitergeben nur mit den Fingerspitzen anfassen
Jetzt wandern sie sogar zurück, ein ziemlich langes, langes Stück.	Die Nüsse in der entgegengesetzten Richtung weiterreichen
Der sie nun hat, der schließt die Finger um die kleinen, braunen Dinger.	Diejenigen Kinder, die die Nüsse am Ende des Verses in der Hand haben, umschließen die Nuss mit einer Faust und behalten sie

- **Tipp:** Wenn zwei unterschiedliche Nussarten eingesetzt werden, macht das Spiel gleich noch mehr Spaß.

Tanzspiel

Hexenbesen fliegen

- **Material:** unterschiedliche Klanginstrumente, z. B. Handtrommeln, Klangstäbe oder Rasseln
- **Und so wirds gespielt:** Die Kinder verteilen sich im Raum. Jedes Kind bekommt ein Instrument.

Hexenbesen fliegen wie der Wind, weil die Hexenbesen tolle Flieger sind. Sie machen mit dem Besenschwanz einen wilden Besentanz.	*Durch den Raum gehen und auf den Instrumenten spielen* *Stehenbleiben und mit dem Po wackeln*
Hexenbesen fliegen wie der Wind, weil die Hexenbesen tolle Flieger sind. Sie tanzen immer wild umher, das mögen Hexenbesen sehr.	*Durch den Raum gehen und auf den Instrumenten spielen* *Stehenbleiben und auf der Stelle tanzen*
Hexenbesen fliegen wie der Wind, weil die Hexenbesen tolle Flieger sind. Sie machen wirklich jeden Quatsch und landen manchmal gar im Matsch.	*Durch den Raum gehen und auf den Instrumenten spielen* *Sich mit „wilden" Sprüngen in der Luft herumdrehen* *In die Hocke gehen*
Hexenbesen fliegen wie der Wind, weil die Hexenbesen tolle Flieger sind.	*Durch den Raum gehen und auf den Instrumenten spielen*

- **Tipp:** Besonders „hexenhaft" wirkt der Text, wenn er mit einer typischen „Hexenstimme" gesprochen wird.

`Tanzspiel`

Mit dem Besen reiten wir

- **Material:** ein alter (Reisig-)Besen
- **Instrumente:** unterschiedliche Klanginstrumente, z. B. Handtrommeln, Klangstäbe oder Rasseln
- **Und so wirds gespielt:** Jedes Kind erhält ein Musikinstrument. Alle bilden einen Kreis.

Mit dem Besen reiten wir, eins und zwei und drei und vier. Auf den Blocksberg wollen wir, eins und zwei und drei und vier.	*Leicht gebückt im Kreis gehen und dazu mit den Instrumenten spielen* *Weiter leicht gebückt im Kreis gehen und dazu mit den Instrumenten spielen*
Dort tanzen wir ums Hexenfeuer wie ein wildes Ungeheuer, denn es ist Walpurgisnacht in der die Hexe tanzt und lacht, „hi, hi, hi, hi, hi, hi, hi!"	*Um sich selbst drehen und dazu auf den Instrumenten spielen* *Weiter um sich selbst drehen und dazu auf den Instrumenten spielen. Am Schluss mit einer „Hexenstimme" lachen (alle).*

- **Tipp:** Ein Kind bewegt sich während des Spiels mit einem „Hexenbesen", also z. B. einem alten (Reisig-)Besen, durch die Kreismitte.

Bewegungsreim

Halloween

Es sprang ein Zwerg im Kreis herum,	Sich auf der Stelle um sich selbst drehen
ein Tollpatsch, der fiel einfach um.	Den Oberkörper nach vorne fallen lassen
Der Pechvogel, der hatte Pech,	Die Schultern hochziehen
ein Fratzenschneider lief schnell weg.	Schnelles Laufen andeuten
Radaumacher war'n laut am Jammern,	Laut jammern
ein Lulatsch wollte sie umklammern.	Mit beiden Händen die eigenen Schultern umklammern
Dem Wurzelwicht war es egal,	Eine wegwerfende Handbewegung machen
der Totenkopf, der spann total,	An den Kopf tippen
als ich sie sah vor meinem Fenster,	Mit den Händen ein Fenster in die Luft malen
diese Geister und Gespenster.	Mit den Händen flattern
Und dann haben sie laut geschrien:	Die Hände vor dem Mund zu einem Trichter
„Halloweeeeeen, Halloweeeeeen!"	formen und laut schreien

Lichterspiel

Geisterstunde

- **Material:** pro Kind eine Taschenlampe; Tonpapier in Schwarz und Rot; Kleister
- **Und so wirds gespielt:** Vor dem Spiel werden auf die Taschenlampen-Gläser mit Kleister zwei große Augen und ein „gruseliger" Mund – mit Mundwinkeln nach unten – geklebt. Am gruseligsten ist das Spiel, wenn man es in einem leicht abgedunkelten Raum spielt.

Die Geister aus dem Geisterland, winken mit der weißen Hand.	*Die Taschenlampen anschalten* *Mit den Lampen winken*
Ihre Augen funkeln jede Nacht im Dunkeln.	*Die Taschenlampen senken und heben*
Um Mitternacht, da sind sie da, sind jedem, der sie sieht, ganz nah.	*Mit einer geheimnisvollen Stimme sprechen* *Sich eng aneinanderstellen*
Ihr Geheuuul ist lauuut und grääässlich, ihre Fratzen sind so hässlich.	*Laut sprechen* *Die Taschenlampen von unten an das eigene Gesicht halten*
Versuche, sie zu meiden, denn sie mögen dich nicht leiden.	*Mit der Hand abwehrend winken* *Die Hand verneinend hin- und herbewegen*
Und wenn sie dich umklammern, dann hilft dir auch kein Jammern.	*Die Hand auf eine Schulter legen* *Den Kopf schütteln*
Zähle lieber schnell bis drei: „Eins, zwei, drei", und dann bist du **wieder frei!**	*Bis drei zählen* *Die Taschenlampen ausschalten*

> **Bewegungsreim**

Das Geisterspiel

ℹ️ **Und so wirds gespielt:** Die Kinder sitzen im Kreis und beugen sich zu Beginn nach vorne.

Mitternacht – der Geist erwacht.	*Räkeln und sich aufrichten*
Er schlabbert, raschelt, grunzt und glotzt,	*Mit den Füßen scharren, mit tiefer Stimme sprechen und große Augen machen*
weil er heut Nacht vor Kräften strotzt.	*Auf die eigenen Oberarmmuskeln zeigen*
Wir haben eine Gänsehaut,	*Über die Arme streichen*
als es an uns're Türen haut.	*Ein Klopfen andeuten*
Schon fliegt er dort an uns vorbei,	*Flugbewegungen machen*
mit einem lauuuten Geisterschrei.	*Laut sprechen*
Wir fürchten uns, der Atem stockt,	*Den Atem kurz anhalten*
weil er jetzt vor dem Fenster hockt.	*Sich ängstlich auf den Boden hocken*
Nur gut, dass wir so mutig sind	*Sich hoch aufrichten*
und wissen, wer heut Nacht gewinnt.	*Sich die Hände reiben*
Denn stärker noch als alle Geister	*Auf die eigenen Oberarmmuskeln zeigen*
sind wir, die Geisterjägermeister!	*Auf sich zeigen und den Kreis schließen*

> **Spielreim**

Hui, so braust der Wind

- ✂️ **Material:** Folie (z. B. Alufolie oder die einer Tragetasche)
- 🥁 **Instrumente:** Handtrommel; Glockenspiel; Klangstäbe; Schellenrassel
- ℹ️ **Und so wirds gespielt:** Jedes Kind bekommt entweder eines der Instrumente oder eine Folie.

Wenn die bunten Blätter tanzen

Hui, hui, so braust der Wind, er schüttelt die Bäume, ganz geschwind. Er schüttelt sie heftig, mal hin und mal her, denn das gefällt dem Pustewind sehr.	*Mit der Folie rascheln* *Die Handtrommel rühren* *Die Handtrommel rühren und mit der Folie rascheln*
Hui, hui, so braust der Wind, er tanzt mit dem Drachen, ganz geschwind. Er tanzt mit ihm heftig, mal hin und mal her, denn das gefällt dem Pustewind sehr.	*Mit der Folie rascheln* *Über das Glockenspiel streichen* *Über das Glockenspiel streichen und mit der Folie rascheln*
Hui, hui, so braust der Wind, er spielt mit den Blättern, ganz geschwind. Er spielt mit ihnen, mal hin und mal her, denn das gefällt dem Pustewind sehr.	*Mit der Folie rascheln* *Die Schellenrassel schütteln* *Die Schellenrassel schütteln und mit der Folie rascheln*
Hui, hui, so braust der Wind, ich laufe ins Haus rein, ganz geschwind. Er pustete mich sonst mal hin und mal her, denn das gefällt dem Pustewind sehr.	*Mit der Folie rascheln* *Mit den Klangstäben einen Ton erzeugen* *Mit den Klangstäben einen Ton erzeugen und mit der Folie rascheln*

Bewegungsreim

Blättertanz

Im Herbst, da weht der Wind, geschwind, geschwind, geschwind! Er nimmt die Blätter mit auf einen wilden Ritt.	*Mit den Armen zuerst langsam und dann immer schneller in der Luft herumrudern* *Mit den Händen die „Blätter" heranwinken* *Mit beiden Armen wild herumfuchteln*
Dabei lässt er sie toben, unten und auch oben. Sie fliegen kreuz und quer und umeinander her.	*Die Hände unten und oben wild schütteln* *Die Arme kreuz und quer bewegen* *Die Hände umeinander drehen*
So machen sie ein Tänzchen, ein Didel, Deidel, Dänzchen. Doch lässt der Wind das Brausen, ists aus mit all dem Sausen.	*Die Hände in die Hüften stemmen und sich hin- und herdrehen* *Die Hände sinken lassen* *Den Oberkörper langsam nach vorne sinken lassen*

Bewegungsreim

Das Blättermännchen

Der Herbst malt alle Blätter bunt und pustet sie im Kreise rund. Er türmt sie auf zu einem Berg,	*Mit den Händen malende Handbewegungen machen* *Großzügige Luftkreise zeichnen* *Die Hände abwechselnd mehrfach übereinanderlegen und dabei nach oben bewegen*

Wenn die bunten Blätter tanzen

darunter lebt der Blätterzwerg.	*Die Hände zum Boden hin absenken*
Der ist so winzig klein	*Die Kleinheit mit zwei Fingern andeuten*
und läuft dort aus und ein.	*Die Hände nach links und rechts bewegen*

Doch kommt ein Sturm vom großen Meer,	*Großzügige Armbewegungen machen*
dann tanzt das Männchen hin und her.	*Die Hände hin- und herdrehen*
Fliegt rauf und runter, kreuz und quer,	*Die Hände bewegen sich nach oben und unten und kreuz und quer*
denn das gefällt dem Männchen sehr.	*Mit dem Kopf nicken*
Und geht der Sturm zurück nach Haus,	*Zum Abschied winken*
dann ruht sich auch das Männchen aus.	*Den Kopf auf die Hände legen*

Klatschspiel

Der Brausewind

ℹ **Und so wirds gespielt:** Die Kinder stehen, einander zugewandt, paarweise zusammen.

Der Wind, der braust,	*Im Rhythmus des Verses gegen die Handflächen des Spielpartners klatschen*
der Drachen saust.	*Die Hände an die des Spielpartners legen und so gemeinsam nach links und rechts bewegen*
Und die vielen Blätter,	*Im Rhythmus des Verses die eigenen Fingerspitzen mit denen des Spielpartners sich schnell berühren lassen*
die tanzen bei dem Wetter.	*Die Hände an die des Spielpartners legen und so gemeinsam kreisend bewegen*

Klatschspiel

Hurra, der Herbst ist da!

Und so wirds gespielt: Die Kinder stehen, einander zugewandt, paarweise zusammen.

Hurra, hurra, der Herbst ist da!	*Im Rhythmus des Verses abwechselnd einmal in die eigenen Hände und einmal gegen die Handflächen des Spielpartners klatschen*
Er bringt uns frischen Wind, da freut sich jedes Kind.	*Im Rhythmus des Verses abwechselnd einmal in die eigenen Hände und überkreuz gegen die Handflächen des Spielpartners klatschen*

Tipp: Bei den Wiederholungen wird das Tempo gesteigert.

Bewegungsreim

Herbstzauber

Material: großes, rundes, möglichst einfarbiges Tuch (z. B. ein Tischtuch); bunte Herbstblätter

Und so wirds gespielt: Die Kinder halten das Tuch gemeinsam mit beiden Händen fest. Auf dem Tuch liegen viele bunte Herbstblätter.

Der Herbst, der ist ein Zaubermann, er zaubert, wo er zaubern kann.	*Mit dem Tuch in den Händen gemeinsam im Kreis herumgehen*
Jeder Baum im ganzen Land trägt seine bunte Zauberhand.	*Weiter mit dem Tuch im Kreis herumgehen*

Wenn die bunten Blätter tanzen

Geheimnisvoll sind seine Tage und der Nebel wird zur Plage.	Das Tuch vor die Augen halten
Er will die Bäume rütteln, an den Blättern schütteln.	Das Tuch kräftig schütteln
Das macht er laut und auch mal leis', die Blätter dreht er gar im Kreis.	Beim Schütteln des Tuches abwechselnd laut und leise stampfen Mit dem Tuch in den Händen gemeinsam im Kreis herumgehen
Doch kommt der Frost dann über Nacht, hat er sein Zauberwerk vollbracht.	Das Tuch auf den Boden sinken lassen
Er zieht sich leise, Stück für Stück, in sein Zauberreich zurück.	Mit dem Tuch in den Händen zur Mitte gehen und es so zusammenführen

Bewegungsreim

Mein Drachen ist der Hit!

ℹ️ **Und so wirds gespielt:** Dieses Bewegungsspiel kann man zuerst mit dem einen und danach mit dem anderen Arm spielen.

Komm mit, komm mit,	Jemanden pantomimisch heranwinken
mein Drachen ist ein Hit!	Mit den Fingern schnipsen
Er saust am Himmel hin und her	Mit einem Arm schnelle Flugbewegungen machen
auch rauf und runter ist nicht schwer.	Den Arm auf und ab bewegen
Mal tobt er wie ein wilder Stier,	Mit einem Arm wild herumfuchteln
dann kriecht er wie ein Schneckentier.	Mit dem Arm langsame Flugbewegungen machen
Manchmal steigt er steil nach oben,	Den Arm anheben
um dort wild herumzutoben.	Mit dem Arm schnelle Flugbewegungen machen
Er macht auch gerne mal ein Tänzchen	Den Arm kreisend bewegen
und wackelt dabei mit dem Schwänzchen.	Mit dem Po wackeln
Doch stellt der Wind das Brausen ein,	In sich zusammensinken
dann lässt auch er das Fliegen sein.	Den Arm auf den Oberschenkel legen

Laterne, Laterne ...

Stimmungsvolle Spiele mit Licht und Tanz zum St. Martinsfest

`Lichterspiel`

Ein Licht zum Teilen

- **Material:** eine Kerze in einem Glas
- **Und so wirds gespielt:** Die Kinder sitzen im Kreis. Eines der Kinder hat das Glas mit der brennenden Kerze in der Hand. Es spricht den ersten Vers, überlegt sich, wem es die Kerze übergeben möchte, und setzt dessen Namen in das Gedicht ein. Das so angesprochene Kind übernimmt die Kerze, überlegt sich ebenfalls einen Namen usw. Am schönsten ist es natürlich, wenn jedes Kind einmal an die Reihe kommt.

> Leise, ganz leise brennt vor mir ein Licht,
> es leuchtet hell auf vor meinem Gesicht.
> Das Licht soll ein Licht des Teilens sein
> und darüber soll sich *(Name)* freun.

- **Tipp:** Als Variante kann man das Gedicht auch noch fortsetzen mit: „… ein Licht der Liebe", „… der Freundschaft", „… der Stille", „… der Wärme", „… des Dankens", „… der Nähe", „… der Stärke", „… der Hoffnung", „… des Träumens", „… des Trostes" usw.

`Lichterspiel`

Lichterzeit

- **Material:** sechs bunte Gläser mit je einer Kerze; evtl. Kreide
- **Und so wirds gespielt:** Sechs Kinder stehen mit bunten Lichtergläsern in den Händen in einer Reihe nebeneinander. Nacheinander rufen sie je eines der Lichterwörter des ersten Verses. Die letzte Textzeile dieses Verses wird von ihnen allen gemeinsam gerufen.

Danach treten die Kinder nacheinander vor, sagen jeweils einen der folgenden sechs Verse auf und gehen mit ihrem Glas in der Hand zu einem mit Kreide auf dem Boden gekennzeichneten Kreis.
Der letzte Vers wird dann wieder von allen Kindern gemeinsam gerufen. Dabei gehen sie zur Mitte des Kreises und halten dort ihre Gläser hoch.

Lichterzeit, Lichterglanz,
Lichterfunkeln, Lichtertanz,
Lichterschein, Lichtermeer,
Alle: Lichter sind heut um uns her.

Viele bunte Lichter,
kann man heute sehen
und dazu noch Kinder,
die mit ihnen gehen.

Uns're bunten Lichter
leuchten um die Wette,
sehen dabei aus
wie eine Perlenkette.

Diese bunten Lichter
tanzen jetzt im Dunkeln,
schau nur, wie sie
mit den vielen Sternen funkeln.

Alle bunten Lichter
schaukeln hin und her
und darüber freuen
wir uns Kinder sehr.

Bunte Lichter tanzen
heute rauf und runter
und sie machen dunkle
Straßen wieder bunter.

Schöne bunte Lichter
leuchten heute Nacht,
oh wie herrlich ist doch
diese Lichterpracht.

Alle: Uns're bunten Lichter
sagen dir Bescheid,
sie ist wieder da,
die schöne Martinszeit.

`Tanzspiel`

Die Martinszeit ist da

Material: pro Kind eine Martinslaterne

Und so wirds gespielt: Die Kinder bilden mit ihren Laternen einen Kreis. Bei den einzelnen Strophen gehen sie gemeinsam im Kreis herum und beim Refrain „Mit ihnen wollen wir uns drehen ..." bleiben sie stehen, drehen sich auf der Stelle um sich selbst und gehen ein paar Schritte zur Mitte des Kreises und wieder zurück.

Endlich ist es nun so weit,
Laternen leuchten weit und breit.
Sie tanzen immer wieder,
auf und nieder, auf und nieder.

Mit ihnen wollen wir uns drehen
oder durch die Straßen gehen.
Macht euch nun bereit,
es ist Martinszeit!

Die Wolken sollen heut nicht weinen,
Mond und Sterne sollen scheinen.
Denn die vielen Kerzen
wärmen alle Herzen.

Mit ihnen wollen wir uns drehen
oder durch die Straßen gehen ...

Unsere Laternenpracht
leuchtet heute durch die Nacht.
Verzaubert dunkle Straßen
und leuchtet in den Gassen.

Mit ihnen wollen wir uns drehen
oder durch die Straßen gehen ...

Tanzspiel

Wir gehen mit Laternen raus

Material: pro Kind eine Martinslaterne

Und so wirds gespielt: Die Kinder bilden einen engen Kreis, mit dem Blick nach außen, und halten ihre Martinslaternen vor sich hoch.

Mit unserer Laterne gehn wir heute raus, schon nachmittags um vier verlassen wir das Haus. Und wir singen wieder die vielen Martinslieder.	*Vorwärts gehen und so einen großen Außenkreis bilden* *Umdrehen und zur Kreismitte schauen*
Wir gehn mal langsam und mal schnell und manchmal stehn wir auf der Stell'. So können alle sehen, wie die Laternen schweben.	*Auf der Stelle um die eigene Achse drehen und dann wieder stehen bleiben* *Die Laternen hochheben*
Mit unserer Laterne gehn wir heute raus, schon nachmittags um vier verlassen wir das Haus. Die Luft ist hell und klar und alle sind schon da.	*Gemeinsam im Kreis herumgehen*
Wir gehn mal langsam und mal schnell und manchmal stehn wir auf der Stell'. So können alle sehen, wie die Laternen schweben	*Auf der Stelle um die eigene Achse drehen und dann wieder stehen bleiben* *Die Laternen hochheben*

Tanzspiel

Lichtertanz

✂ **Material:** Martinslaternen; Mondlaterne; Sternentuch

ℹ **Und so wirds gespielt:** Die Kinder bilden mit ihren Laternen einen großen Kreis. In der Mitte knien ein Kind, das eine Mondlaterne in der Hand hält, und mehrere andere Kinder, die ein ausgebreitetes Sternentuch halten.

Am Stab hängt die Laterne dran und das Lichtlein ist schon an. Alle Kinder klein und groß gehen heut mit ihnen los.	*Die Kinder im Kreis heben ihre Martinslaternen an* *Sie knien sich hin und stehen dann wieder auf* *Sie gehen ein paar Schritte links- oder rechtsherum*
Der Mond ist auch schon aufgewacht und freut sich über diese Pracht. Er leuchtet heute wunderbar und macht den Himmel hell und klar	*Das Kind mit der Mondlaterne hält diese hoch* *Es schwenkt die Laterne hin und her*
Auch die vielen tausend Sterne mögen uns're Lichter gerne. Sie schicken uns zum Lichtertanz funkelnd schönen Sternenglanz.	*Die Kinder mit dem Sternentuch bewegen dieses auf und ab* *Sie gehen mit dem Tuch in den Händen im Kreis herum*
So tanzt das Lichtlein immerzu – erst, wenn es aus ist, gibt es Ruh. Dann geht es still vergnügt nach Haus und darum ist das Spiel jetzt aus.	*Die Kinder im Kreis bewegen ihre Martinslaternen beim Herumgehen hin und her* *Sie lassen ihre Martinslaternen langsam sinken*

Gedicht

St. Martin, edler Rittersmann

St. Martin, edler Rittersmann,
reite mit dem Pferd voran.

Du gabst dem Bettler in der Not
ein Mantelstück, das tat ihm gut.

Hast ihm und uns damit gezeigt,
was Gottes große Liebe heißt.

Tanzspiel

Mit Laternen gehen

✂ **Material:** pro Kind eine Martinslaterne

ℹ **Und so wirds gespielt:** Die Kinder bilden mit den Laternen in ihren Händen einen großen Kreis.

Mit Laternen gehen, sich dabei noch drehen. Rauf und runter, hin und her, das gefällt uns Kindern sehr.	*Mit den Laternen im Kreis herumgehen* *Stehen bleiben und die Laternen auf und ab sowie hin- und herschwenken*
Mit Laternen singen, dass die Straßen klingen. Rauf und runter, hin und her, das gefällt uns Kindern sehr.	*Diese Zeilen singen* *Stehen bleiben und die Laternen auf und ab sowie hin- und herschwenken*
Mit Laternen wandern von einem Haus zum andern. Rauf und runter, hin und her, das gefällt uns Kindern sehr.	*Mit den Laternen im Kreis herumgehen* *Stehen bleiben und die Laternen auf und ab sowie hin- und herschwenken*
Mit Laternen stehen, dass sie alle sehen. Rauf und runter, hin und her, das gefällt uns Kindern sehr.	*Stehen bleiben und die Laternen hochhalten* *Stehen bleiben und die Laternen auf und ab sowie hin- und herschwenken*

Von Nikolaus-Eseln und Weihnachtsmann-Spuren

Fröhliche Mitmachideen und Verse zum Nikolausfest

Von Nikolaus-Eseln und Weihnachtsmann-Spuren

Bewegungsreim

Der Nikolaus ist da

Hurra, hurra, der Nikolaus ist da! Wir freun uns wie verrückt und drehen uns ein Stück. Durch Stampfen mit den Füßen woll'n wir ihn nun begrüßen.	*Die Arme ruckartig in die Höhe strecken* *Sich um die eigene Achse drehen* *Mit den Füßen stampfen*
Nikolaus, schau zu uns her, denn wir können noch viel mehr! Zum Beispiel ganz hoch springen und Niklauslieder singen.	*Eine Hand waagrecht über die Augen halten* *Mit dem Kopf nicken* *Springen* *Diese Zeile gemeinsam singen*
Siehst du, wie wir hinken und wie wir dir zuwinken? Auch können wir schnell klatschen und auf die Beine patschen.	*Das Hinken nachahmen* *Winken* *Klatschen* *Auf die Oberschenkel patschen*
Manchmal müssen wir laut schrei'n, wir können auch ganz leise sein. Ach, Nikolaus, es ist so schön, dass wir dich heute bei uns sehn.	*Laut sprechen* *Einen Finger an die Lippen legen und leise sprechen* *Die Arme ausbreiten* *Auf den Nikolaus zeigen*
Leider kommen wir zum Schluss, weil du ja schon bald weiter musst. Wir woll'n dir nur noch sagen: Wie schön es ist, dass wir dich haben.	*Die Schultern hochziehen* *Eine winkende Handbewegung machen* *Auf den Nikolaus zeigen*

Bewegungsreim

Hi, ho, ha, der Nikolaus ist da

ℹ️ **Und so wirds gespielt:** Die Arme schnellen bei „Hi" in die Höhe, bei „ho" zurück nach unten und bei „ha" wieder nach oben. Bei der zweiten Zeile („der Nikolaus ist da") wird zum Rhythmus des Verses über dem Kopf in die Hände geklatscht. Bei den übrigen Verszeilen die jeweils unten angegebenen Bewegungen ausführen.

Hi, ho, ha, der Nikolaus ist da. Er kam von ganz weit zu uns her, mit einem Sack, der ist ganz schwer.	*Wie in der Spielanleitung beschrieben bewegen* *In die Ferne zeigen* *Pantomimisch einen Sack tragen*
Hi, ho, ha, der Nikolaus ist da. Zum Glück hat er 'ne Menge Kraft, wir sind sehr froh, dass er es schafft.	*Wie in der Spielanleitung beschrieben bewegen* *Auf die Oberarmmuskeln zeigen* *Mit dem Kopf nicken*
Hi, ho, ha, der Nikolaus ist da. Er hat uns etwas mitgebracht, das uns sehr viel Freude macht.	*Wie in der Spielanleitung beschrieben bewegen* *Eine austeilende Armbewegung machen* *Begeistert in die Höhe springen*
Hi, ho, ha, der Nikolaus ist da. Heut' ist ein wirklich schöner Tag, weil er uns Kinder gerne mag.	*Wie in der Spielanleitung beschrieben bewegen* *Freudig mit den erhobenen Armen winken* *Die Hände auf die Brust legen*
Hi, ho, ha, der Nikolaus ist da. Mit ihm, da ist es immer schön, wir freu'n uns auf ein Wiedersehn.	*Wie in der Spielanleitung beschrieben bewegen* *Auf den Nikolaus zeigen* *Winken*

Spielreim

Nikolaus, komm schnell herbei

- **Instrumente:** Trommeln; Klangstäbe; Schellenkränze; Glockenspiele; Kokosnussschalen o. Ä.; Holzblocktrommeln; Triangeln
- **Und so wirds gespielt:** Die einzelnen Strophen dieses Gedichts werden von ein bis zwei der Kinder vorgetragen. Die anderen setzen die unten genannten Instrumente immer bei der ersten Zeile ein.

Rum-pum-pum, Rum-pum-pum, wir schaun uns nach dem Nikolaus um. Denn wir woll'n ihm sagen, wie lieb wir ihn doch haben.	*Den Rhythmus der ersten Verszeile mit Trommeln begleiten*
Stipp-di-stapp, stipp-di-stapp, Nikolaus, steig bei uns ab. Bring uns süße Sachen, die uns glücklich machen.	*Den Rhythmus der ersten Verszeile mit Klangstäben begleiten*
Bimmel-bum, bimmel-bum, der Nikolaus geht schon herum. Auch bei Schnee und Wind besucht er jedes Kind.	*Den Rhythmus der ersten Verszeile mit Schellenkränzen begleiten*
Dideldei, dideldei, Nikolaus, komm bald vorbei. Stell den großen Sack ruhig bei uns ab.	*Den Rhythmus der ersten Verszeile mit Glockenspielen begleiten*

Klipper-di-klapp, klipper-di-klapp, der Esel läuft mit schnellem Trab durch den dunklen Wald und die Peitsche knallt.	*Den Rhythmus der ersten Verszeile mit Kokosnussschalen o. Ä.*
Tripp-di-trapp, tripp-di-trapp, ob das mit dem Nikolaus klappt? Wir hoffen wirklich sehr, er schafft es zu uns her.	*Den Rhythmus der ersten Verszeile mit Holzblocktrommeln begleiten*
Dideldei, dideldei, Nikolaus, komm schnell herbei. Denn du musst doch wissen, dass wir dich vermissen.	*Den Rhythmus der ersten Verszeile mit Triangeln begleiten*

Spielreim

Der Nikolaus-Esel

- **Instrumente:** Klanghölzer; Holzblocktrommeln; Rasseln; verschiedene Handtrommeln
- **Und so wirds gespielt:** Bei diesem Gedicht setzen die Kinder ihre Musikinstrumente immer bei der ersten Zeile jeder Strophe in deren Rhythmus ein.

Von Nikolaus-Eseln und Weihnachtsmann-Spuren

Klipper-di-klapp, klipper-di-klapp,
so läuft der Esel mit schnellem Trab,
vorbei an weißen Feldern
und durch dunkle Wälder.

Klipper-di-klapp, klipper-di-klapp,
so läuft der Esel mit schnellem Trab.
Er zieht den Schlitten fort
und läuft von Ort zu Ort.

Klipper-di-klapp, klipper-di-klapp,
so läuft der Esel mit schnellem Trab.
Er hört die Peitsche knallen,
dass die Echos hallen.

Klipper-di-klapp, klipper-di-klapp,
so läuft der Esel mit schnellem Trab.
Man hört ihn ganz laut schnaufen,
von all dem vielen Laufen.

Klipper-di-klapp, klipper-di-klapp,
so läuft der Esel mit schnellem Trab,
durch tief verschneite Bäume,
bis vor die Gartenzäune.

Klipper-di-klapp, klipper-di-klapp,
so läuft der Esel mit schnellem Trab.
Er muss die Lasten tragen
und darf sich nicht beklagen.

Klipper-di-klapp, klipper-di-klapp,
so läuft der Esel mit schnellem Trab.
Er bringt uns all die Sachen,
die uns glücklich machen.

Klatschspiel

Der Nikolaus kommt heute Nacht

ℹ️ **Und so wirds gespielt:** Die Kinder bilden Paare und stellen sich jeweils einander gegenüber auf.

Der Nikolaus, der Nikolaus,	*Im Rhythmus des Verses viermal in die eigenen Hände und viermal gegen die Handflächen des Spielpartners klatschen*
der geht heut' Nacht von Haus zu Haus.	*Im Rhythmus des Verses abwechselnd in die eigenen Hände und dann gegen die Handflächen des Spielpartners klatschen*
Er klopft an meine Tür	*Im Rhythmus des Verses die Fingerkuppen aneinanderklopfen lassen*
und dann ist er bei mir.	*Die Arme vor der Brust kreuzen*

🔺 **Tipp:** Bei den nächsten Spielrunden wird das Tempo gesteigert.

Von Nikolaus-Eseln und Weihnachtsmann-Spuren   41

Klatschspiel

Der Nikolaus geht rum

ℹ Und so wirds gespielt: Die Kinder bilden Paare und stellen sich jeweils einander gegenüber auf.

Bimmel, bammel, bum,	*Im Rhythmus des Verses zweimal in die eigenen Hände und zweimal gegen die Handflächen des Spielpartners klatschen und dann einmal mit dem Fuß stampfen*
der Nikolaus geht rum.	*Im Rhythmus des Verses abwechselnd in die eigenen Hände und dann gegen die Handflächen des Spielpartners klatschen*
Wir schreien laut: „Hurra,	*Die Hände an die des Spielpartners drücken und so gemeinsam hin- und herbewegen. Bei „Hurra" gemeinsam die Arme nach oben recken*
nun ist er endlich da!"	*Sich auf der Stelle um die eigene Achse drehen*

Tanzreim

Der Niklaustanz

ℹ️ **Und so wirds gespielt:** Die Kinder bilden Paare und stellen sich jeweils einander gegenüber auf.

Wir machen einen Niklaustanz und drehen uns nun ganz. Jetzt klatschen wir dabei: Klitsche-klatsch, klitsche-klatsch,	*Sich an den Händen fassen und gemeinsam umeinander drehen*
	Sich loslassen und beim Gehen im Rhythmus des Verses in die Hände klatschen
klitsche-klatsch – und vorbei!	*Bei „vorbei!" stehen bleiben und die Arme ausbreiten*
Wir machen einen Niklaustanz und drehen uns nun ganz. Jetzt stampfen wir dabei: Stipp-di-stapp, stipp-di-stapp,	*Sich an den Händen fassen und gemeinsam umeinander drehen*
	Sich loslassen und beim Gehen im Rhythmus des Verses auf den Boden stampfen
Stipp-di-stapp – und vorbei!	*Bei „vorbei!" stehenbleiben und die Arme ausbreiten*
Wir machen einen Niklaustanz und drehen uns nun ganz. Jetzt patschen wir dabei: Pitsch-di-patsch, pitsch-di-patsch,	*Sich an den Händen fassen und gemeinsam umeinander drehen*
	Sich loslassen und beim Gehen im Rhythmus des Verses auf die Oberschenkel patschen
Pitsch-di-patsch – und vorbei!	*Bei „vorbei!" stehenbleiben und die Arme ausbreiten*

Von Nikolaus-Eseln und Weihnachtsmann-Spuren 43

Wir machen einen Niklaustanz und drehen uns nun ganz. Jetzt schnipsen wir dabei: Schnipp-di-schnipp, schnipp-di-schnipp,	*Sich an den Händen fassen und gemeinsam umeinander drehen*
	Sich loslassen und beim Gehen im Rhythmus des Verses schnipsen
Schnipp-di-schnipp – und vorbei!	*Bei „vorbei!" stehenbleiben und die Arme ausbreiten*
Wir machen einen Niklaustanz und drehen uns nun ganz. Jetzt winken wir dabei: Winki-wink, winki-wink,	*Sich an den Händen fassen und gemeinsam umeinander drehen*
	Sich loslassen und beim Gehen im Rhythmus des Verses winken
Winki-wink – und vorbei!	*Bei „vorbei!" stehenbleiben und die Arme ausbreiten*

Bewegungsreim

Es rumpelt vor dem Haus

Instrumente: Handtrommel; Holzblocktrommel

Was rumpelt und pumpelt da vor dem Haus? Ist das schon der Nikolaus?	*Ein Kind schlägt die Handtrommel*
Nun hör ich es vor der Türe poltern, er wird doch nicht auf der Treppe stolpern?	*Ein Kind schlägt die Holzblocktrommel*
Bum, bum, klopf, klopf, die Tür geht auf,	*Holzblocktrommel und Handtrommel anschlagen*
hurra, du bist es, Nikolaus!	*Alle Kinder strecken mit Schwung die Arme in die Höhe*

Mit einem Sack, der ist so schwer,	*Pantomimisch einen Sack tragen*
kamst du von Weitem zu mir her.	*Die Hände waagrecht über die Augen legen*
In ihm hast du die guten Sachen,	*Mit den Händen über den Bauch streichen*
bringst mich damit oft zum Lachen.	
Leider hast du nicht viel Zeit,	*Den Kopf schütteln*
ach, Nikolaus, du tust mir leid.	*Auf den Nikolaus zeigen*

Kannst die ganze Nacht nicht ruhn	*Den Kopf kurz auf die Hände legen und pantomimisch das Schlafen darstellen*
und hast in jedem Haus zu tun.	*Auf verschiedene Punkte zeigen*
Doch wer dich kennt, der sieht dir an,	*Auf den Nikolaus zeigen*
du bist ein wirklich guter Mann.	*Mit dem Kopf nicken*
Ich sage schnell noch „Dankeschön!",	*Eine kleine Verbeugung machen*
bis nächstes Jahr, auf Wiedersehn!	*Winken*

Bewegungsreim

Ob's stürmt, ob's schneit …

Liebe Leute, seid mal still,	*Den Zeigefinger an die Lippen legen*
weil ich euch was sagen will.	
Hier bei uns, in unser'm Kreis,	*Einen Kreis anzeigen*
steht ein Mann, sein Bart ist weiß.	*Einen langen Bart andeuten*
Ob's stürmt, ob's schneit, er kommt daher	*Mit den Händen in der Luft „herumwuseln" und dann heranwinken*
mit einem Sack, der ist ganz schwer.	*Pantomimisch einen Sack tragen*

Und drinnen sind die guten Sachen, die uns alle Freude machen.	*Mit den Händen über den Bauch streichen*
Die Rute, die hat er vergessen,	*Pantomimisch eine Rute hochhalten und wieder sinken lassen*
er braucht sie nicht, sind brav gewesen.	*Zuerst den Kopf schütteln und dann nicken*
Drum grüßt mit uns in diesem Haus	*Mit den Händen ein Hausdach andeuten*
den lieben, guten Nikolaus!	*Auf den Nikolaus zeigen*

Bewegungsreim

Nikolaus vorm Haus

Vorm Haus, da steht der Nikolaus, aus einem Schlitten stieg er aus.	*Mit den Händen ein Hausdach andeuten* *Auf der Stelle gehen*
Ein Rentier ist davor gespannt, mit ihm fährt er durchs ganze Land.	*Pantomimisch Zügel festhalten*
Hinten drauf liegt groß und schwer ein Sack, der duftet bis hierher.	*Mit dem Daumen nach hinten zeigen* *Sich an die Nase tippen*
Er ist gefüllt mit feinen Sachen, die dir und mir viel Freude machen.	*Mit den Händen über den Bauch streichen* *Zuerst auf jemand anderen und dann auf sich selbst zeigen*
Der Nikolaus hat viel zu tun, er kann die ganze Nacht nicht ruh'n.	*Die Arme ausbreiten* *Den Kopf schütteln*

Zum Glück ist er jetzt hier bei mir und dann steht er vor deiner Tür.	*Die Hände auf die Brust legen* *Auf jemanden zeigen*
Er ist ein wirklich guter Mann, auf den man sich verlassen kann.	*Mit dem Kopf nicken* *Die Hände ineinander verschränken*

Bewegungsreim

Lieber guter Nikolaus

Lieber guter Nikolaus, komme doch zu mir nach Haus.	*Mit den Händen heranwinken*
Klopf nur bald an meine Tür und dann bist du schon bei mir.	*Pantomimisch Klopfbewegungen machen* *Die Hände auf die Brust legen*
Ich bin so froh, dich dann zu seh'n, denn mit dir ist es immer schön.	*Auf den Nikolaus zeigen*
Auch bringst du mir so gute Sachen, die mich wirklich glücklich machen.	*Mit den Händen über den Bauch streichen*
Drum warte ich das ganze Jahr auf dich, das ist doch sonnenklar!	*Die Arme weit ausbreiten* *Auf den Nikolaus zeigen*

Von Nikolaus-Eseln und Weihnachtsmann-Spuren 47

Gedicht

Knecht Ruprecht

Knecht Ruprecht, spann den Schlitten an,
damit der Niklaus kommen kann.
Bring ihn ganz schnell zu uns her,
denn wir Kinder warten sehr.

Kommt ihr in einem Bogen
vom Himmel angeflogen?
Oder geht es durch die Felder
und durch weiße Winterwälder?

Lasst den Esel laufen,
er kann bei uns verschnaufen.
Habt ihr an den Sack gedacht?
Ist er bis oben vollgepackt?

Ruprecht, lass dich nicht lang bitten,
spann den Esel vor den Schlitten.
Sei für uns bereit,
denn es ist Niklauszeit!

Bewegungsreim

Der gute, alte Nikolaus

Der gute, alte Nikolaus, der geht heut' Nacht von Haus zu Haus.	*Mit den Händen ein Hausdach andeuten*
Mit einem Sack kommt er daher, der Sack ist groß, der Sack ist schwer.	*Pantomimisch einen Sack tragen*
Er hat viel mitgenommen, denn alle sollen was bekommen:	*Die Hände wie eine Schale halten Die Arme weit ausbreiten*

Für den Rudi ist der Trecker,	*Auf jemanden zeigen*
auch der Stutenkerl ist lecker.	*Mit den Händen über den Bauch streichen*
Anke wünschte sich ein Buch,	*Die Hände wie ein Buch aufschlagen*
Klärchen möcht' ein buntes Tuch.	*Mit den Händen über den Nacken streichen*
Lieschen bekommt neue Söckchen	*Auf die eigenen Füße zeigen*
und die Puppe braucht ein Röckchen.	*Mit den Händen ein Röckchen andeuten*
Hermann fänd' es gar nicht schade,	*Den Kopf schütteln*
bekäme er viel Schokolade.	*Pantomimisch etwas in den Mund stopfen*
Der Niklaus hat zum Glück viel Kraft	*Auf die eigenen Oberarmmuskeln zeigen*
und ist so stark, dass er das schafft.	
Nie geht ihm die Puste aus,	*Den Kopf schütteln*
wir lieben dich, St. Nikolaus!	*Auf den Nikolaus zeigen*

Bewegungsreim

Die Weihnachtsmannspur

Komm mal her und schau dir an,	*Eine heranwinkende Armbewegung machen*
ist das die Spur vom Weihnachtsmann?	*Auf den Boden zeigen*
Schlich er ganz leis' zu unser'm Haus	*Pantomimisch das Schleichen nachahmen*
und schaute nach uns Kindern aus?	*Eine Hand waagrecht über die Augen legen und in die Ferne blicken*
Kam er dabei auf leisen Sohlen,	*Auf die eigenen Füße zeigen*
um die Socken schnell zu holen?	*Die eigenen Socken antippen*

Machte er die weite Reise	*Die Arme ausbreiten und eine große Strecke andeuten*
auf dem glatten Wintereise,	*Die Hände waagerecht ausbreiten und pantomimisch auf dem Eis „schlittern" lassen,*
damit ein jeder das erhält, was ihm an Weihnachten gefällt?	*Die Hände zu einer Schale formen*
Leider können wir nur raten,	*Die Schultern fragend hochziehen*
vom wem sie ist, die Spur im Garten.	*Auf den Boden zeigen*

Bewegungsreim

Sternengefunkel

Am Himmel alle Sterne funkeln aus der Ferne.	*Die Finger öffnen und schließen und sie so als „Sterne" blinken lassen*
Sie schauen vom Himmel herunter zur Erd',	*Mit den Armen eine Bewegung von oben nach unten machen*
ob der Weihnachtsmann schon durch die Tannen fährt.	*Nach unten schauen*
Und sehn sie den Schlitten, dann ist es so weit,	*Eine Hand waagrecht über die Augen halten und in die Ferne schauen*
dann mache dich auf und sei bereit,	*Auf jemanden zeigen*
denn dann ist sie da, die Weihnachtszeit.	*Die Hände mit den Handflächen nach oben zur Seite hin ausbreiten*

Hurra, Weihnachten ist endlich da!

Besinnliche Gedichte, Kreis- und Krippenspiele zur Weihnachtszeit

Klatschspiel

Olala, olala, Weihnachten ist endlich da!

ℹ️ **Und so wirds gespielt:** Bei den ersten zwei Zeilen jedes Verses wird im Rhythmus des Verses geklatscht. Dabei werden jeweils die letzten zwei Silben von „Olala" und das „da!" in der zweiten Zeile besonders betont. Bei den übrigen Verszeilen die Bewegungen, wie unten angegeben, ausführen.

Olala, olala, Weihnachten ist endlich da!	*Im Rhythmus des Verses klatschen*
Auch die Glocken klingen	*Pantomimisch eine Glocke läuten*
und wir Kinder singen.	*Auf sich selbst zeigen*
Olala, olala, Weihnachten ist endlich da!	*Im Rhythmus des Verses klatschen*
Alles ist bereit für die schöne Zeit.	*Die Arme ausbreiten*
Olala, olala, Weihnachten ist endlich da!	*Im Rhythmus des Verses klatschen*
Und die Menschen träumen von schönen Weihnachtsbäumen.	*Den Kopf mit geschlossenen Augen auf die Hände legen und so das Schlafen nachahmen*
Olala, olala, Weihnachten ist endlich da!	*Im Rhythmus des Verses klatschen*
In der warmen Stubenluft	*Mit den Händen über die Oberarme streichen*
liegt ein süßer Plätzchenduft.	*Mit den Händen über den Bauch streichen*

Olala, olala, Weihnachten ist endlich da! Und die vielen Kerzen wärmen kalte Herzen.	*Im Rhythmus des Verses klatschen* *Mit den Händen eine Kerze bilden* *Die Hände auf das Herz legen*
Olala, olala, Weihnachten ist endlich da!	*Im Rhythmus des Verses klatschen*

Lichterspiel

Leuchtet, kleine Sterne

- **Material:** pro Kind eine Taschenlampe (dabei Taschenlampen in verschiedenen Größen verwenden); ausgeschnittene Sterne aus festem Papier; Klebestreifen
- **Und so wirds gespielt:** Für dieses Spiel werden zur Vorbereitung verschieden große Sterne aus festem Papier ausgeschnitten und vor die kleinen und großen Taschenlampen geklebt.
  Bei einer Vorführung vor Publikum sollte der Raum abgedunkelt sein. Falls die Kinder Probleme beim Anschalten der Taschenlampen haben, können diese auch angeschaltet hinter dem Rücken gehalten werden und an der entsprechenden Stelle im Text nach vorne kommen.

Nach und nach sind sie erwacht und leuchten durch die dunkle Nacht. Als riesengroße Sternenschar blinken sie so wunderbar.	*Nacheinander die Taschenlampen anknipsen* *Die Taschenlampen auf und ab bewegen*

Hurra, Weihnachten ist endlich da! 53

Scheint doch, scheint ihr kleinen Sterne, leuchtet zu uns aus der Ferne. Leuchtet in die Welt hinein, denn es wird bald Weihnacht sein.	*Die Taschenlampen in einem großen Bogen von links nach rechts bewegen* *Die Taschenlampen kreisend bewegen und absenken*
Große Sterne, kleine Sterne, alle haben wir sie gerne. Und ist es in der Nacht schon spät, dann ist der Himmel mit Sternen übersät.	*Erst die großen und dann die kleinen Taschenlampen einschalten* *Die Taschenlampen bewegen und dann absenken*
Scheint doch, scheint, ihr kleinen Sterne …	*Die Taschenlampen in einem großen Bogen von links nach rechts bewegen*
Ein großer Stern, so hell und fein, stand mit seinem hellen Schein in Betlehem über dem Stall, zu sehen war er überall.	*Eine große Taschenlampe leuchtet alleine*
Scheint doch, scheint, ihr kleinen Sterne …	*Die Taschenlampen in einem großen Bogen von links nach rechts bewegen*
Das Licht dringt nun mit seinem Schein in jedes off'ne Herz hinein. Für die Armen und die Reichen sind es frohe Himmelszeichen.	*Die Taschenlampen werden eng aneinandergehalten*
Scheint doch, scheint, ihr kleinen Sterne …	*Die Taschenlampen in einem großen Bogen von links nach rechts bewegen*

Gedicht

Leise Weihnachtswelt

Wenn der Schnee vom Himmel fällt
und es leis' wird in der Welt,
wenn auf allen Tannenspitzen
lauter kleine Sterne blitzen,
dann beginnt die stille Zeit
und Weihnachten ist nicht mehr weit.

Jedes Dach und jedes Haus,
sieht nun wie weiß gepudert aus.
Ja, wenn der Schnee vom Himmel fällt,
wird es leis' in dieser Welt.

Lichterspiel

Leuchte, kleiner Wunderstern

- **Material:** pro Kind ein Glas und eine Kerze; farbiges Transparentpapier; Kleber
- **Und so wirds gespielt:** Die Kinder stehen im Kreis und haben ein Glas mit einer brennenden Kerze in der Hand. Auf die Gläser wurden vorher Sterne aus farbigem Transparentpapier geklebt.

Schi-, scha-, scheine, scheine, kleines Licht. Schi-, scha-, scheine und vergiss mich nicht. Leuchte zu mir aus der Ferne, denn ich habe dich so gerne. Schi-, scha-, scheine, scheine, kleines Licht.	Das Glas hochheben Das Glas wieder absenken Das Glas hin- und herbewegen Das Glas absenken und sich auf der Stelle drehen Das Glas hochheben
Schi-, scha-, scheine, scheine, kleines Licht. Schi-, scha-, scheine, und vergiss mich nicht. Dein Licht, das leuchtet wundervoll, das finden alle Kinder toll. Schi-, scha-, scheine, scheine, kleines Licht.	Das Glas hochheben Das Glas wieder absenken Das Glas hin- und herbewegen Das Glas absenken und langsam zur Kreismitte gehen Das Glas hochheben
Schi-, scha-, scheine, scheine, kleines Licht. Schi-, scha-, scheine und vergiss mich nicht. Leuchte kleiner Wunderstern, leuchte, denn ich hab dich gern. Schi-, scha-, scheine, scheine, kleines Licht.	Das Glas hochheben Das Glas wieder absenken Das Glas hin- und herbewegen Das Glas absenken und zum Ausgangspunkt zurückgehen Das Glas hochheben

Kreisspiel

Das Sternenband

Material: glitzernde Weihnachtskordel (Geschenkband) mit einer Länge, die dem Umfang des Stuhlkreises entspricht; ein Korb

Und so wirds gespielt: Die Kinder und die Spielleitung sitzen im Stuhlkreis. Neben der Spielleitung liegt in einem Korb eine glitzernde Weihnachtskordel. Der Kordelanfang wird aus dem Korb herausgenommen und mit den ersten beiden gemeinsam gesprochenen Verszeilen zum daneben sitzenden Kind weitergegeben. Dieses Kind reicht die Kordel – auch wieder mit den ersten beiden Verszeilen – ebenfalls weiter. So wandert das Band so lange von einer Hand zur anderen, bis sich alle Kinder daran festhalten können. Es müssen also auch die ersten beiden Verszeilen so oft gesprochen werden, bis alle Kinder die Kordel in den Händen halten.

Mit dem Sprechen der letzten beiden Verszeilen wird das Band kurz angehoben und dann gemeinsam über die Köpfe hinweg nach hinten geworfen.

Ich gebe dieses Sternenband
von meiner Hand in deine Hand.

Nun sind wir kurz verbunden,
dann ist das Band verschwunden.

Tanzspiel

Mannomann, mannomann

> **Und so wirds gespielt:** Der Ablauf dieses Tanzspiels ist bei allen Versen gleich. Die Kinder stehen dabei im Kreis.
> Die Bewegungen werden folgendermaßen ausgeführt. Bei der ersten Zeile: kräftig mit den Füßen aufstampfen; bei der zweiten Zeile: in die Hände klatschen; bei der dritten und vierten Zeile: sich an den Händen nehmen, zur Mitte gehen und dabei die Arme anheben; bei der fünften und sechsten Zeile: wieder zurückgehen und dabei die Arme senken.

Mannomann, mannomann,
Weihnachten fängt endlich an.
Und auf Tannenspitzen
sieht man Sterne blitzen.
Macht euch nun bereit,
es ist Weihnachtszeit.

Mannomann, mannomann,
Weihnachten fängt endlich an.
Und die Kerzen funkeln
und die Kinder munkeln.
Macht euch nun bereit,
es ist Weihnachtszeit.

Mannomann, mannomann,
Weihnachten fängt endlich an.

In der Stubenluft
liegt ein süßer Duft.
Macht euch nun bereit,
es ist Weihnachtszeit.

Mannomann, mannomann,
Weihnachten fängt endlich an.
Und der Weihnachtbaum
leuchtet wie im Traum.
Macht euch nun bereit,
es ist Weihnachtszeit.

Mannomann, mannomann,
Weihnachten fängt endlich an.

Bewegungsreim

Schallali und schallala

Schallali und schallala,	*Die vor dem Köper waagrecht angewinkelten Unterarme vorwärts und rückwärts umeinander drehen*
Weihnachten ist endlich da!	*In die Hände klatschen*
Vor Freude woll'n wir springen	*Mehrmals hochhüpfen*
und Weihnachtslieder singen.	*Mit einer „Singsangstimme" singen*
Schallai und schallala,	*Die vor dem Köper waagrecht angewinkelten Unterarme vorwärts und rückwärts umeinander drehen*
Weihnachten ist endlich da!	*In die Hände klatschen*
Vor Freude woll'n wir patschen	*Auf die Oberschenkel patschen*
und in die Hände klatschen.	*In die Hände klatschen*
Schallali und schallala,	*Die vor dem Köper waagrecht angewinkelten Unterarme vorwärts und rückwärts umeinander drehen*
Weihnachten ist endlich da!	*In die Hände klatschen*
Vor Freude woll'n wir lachen	*Lachend den Nebenmann umarmen*
und liebe Sachen machen.	
Schallali und schallala,	*Die vor dem Köper waagrecht angewinkelten Unterarme vorwärts und rückwärts umeinander drehen*
Weihnachten ist endlich da!	*In die Hände klatschen*
Vor Freude woll'n zwinkern	*Mit den Augen zwinkern*
und mit den Wimpern klimpern.	*Mit den Wimpern klimpern*

Schallali und schallala,	*Die vor dem Köper waagrecht angewinkelten Unterarme vorwärts und rückwärts umeinander drehen*
Weihnachten ist endlich da!	*In die Hände klatschen*

Kreisspiel

Das Weihnachtsband

Material: ein etwa 30 cm langes weihnachtliches Band, an dem an einem Ende ein beschwerendes weihnachtliches Symbol angebunden wird, z. B. ein Stern oder eine Kugel

Und so wirds gespielt: Die Kinder bilden eine Kreis. Dann wird das Band zu dem unten stehenden Vers von einem Kind zum nächsten weitergereicht. Bei der letzten Zeile des Verses wird es ein Stück weit wieder in die andere Richtung zurückgegeben. Danach wandert es wieder vorwärts durch den Kreis. Der Vers wird so lange wiederholt, bis das Weihnachtsband einmal im Kreis herumgewandert ist.

Ein Weihnachtsband, ein Weihnachtsband,
das wandert nun von Hand zu Hand.
Es geht von mir zu dir
und dann zurück zu mir.

Kreisspiel

Die Glockenreise

Material: kleines Glöckchen

Und so wirds gespielt: Die Kinder bilden einen Kreis. Das Glöckchen wird so in der Hand gehalten, dass es kein Geräusch machen kann, und auf diese Weise zu dem unten stehenden Vierzeiler im Kreis herumgegeben. Dasjenige Kind, das das Glöckchen bei der letzten Zeile des Vierzeilers, also bei „das klingelt bimmel-bum", in der Hand hält, lässt es kurz erklingen und sagt dann den Zweizeiler „Weihnachten ist nicht mehr weit ...". Danach wandert das Glöckchen wieder wie beschrieben zum Vierzeiler im Kreis herum.

Ein Glöckchen, ein Glöckchen,
das geht im Kreis herum.
Ein Glöckchen, ein Glöckchen,
das klingelt bimmel-bum.

Weihnachten ist nicht mehr weit,
macht euch nun bereit!

Bewegungsreim

Der Tannenbaum

Ein klitzekleiner Tannenbaum,	Sich hinknien
der hatte einen großen Traum.	Aufstehen und die Arme über den Kopf heben
Geschmückt wollt er im Zimmer stehn	Stolz herumschauen
und lauter frohe Menschen sehn.	Die Arme in einer Begrüßungsgeste nach vorne hin ausbreiten
Doch leider war der Baum zu klein,	Sich hinknien
er blieb im Wald zurück – allein.	Traurig den Kopf senken
Da kam der Has und tröstete ihn:	Sich tröstend über die eigenen Haare streichen
„Bald bist du groß, du wirst schon sehn.	Aufstehen
Und dann bist du ein Weihnachtsbaum,	Die Arme über den Kopf heben
viel schöner noch als in dem Traum.	Sich freudig um sich selbst drehen
Dann wirst auch du im Zimmer stehn	Aufrecht stehen
und all die frohen Menschen sehn."	Die Arme in einer Begrüßungsgeste nach vorne hin ausbreiten
Dass Träume manchmal werden wahr,	Den Kopf auf die Hände legen und so das Schlafen andeuten
das sah der Baum im nächsten Jahr.	Mit der waagrecht über den Augen gehaltenen Hand in die Ferne schauen
Man holte ihn als Weihnachtsbaum	Eine heranwinkende Armbewegung machen
und er war schön, so wie im Traum.	Sich freudig um sich selbst drehen
Doch nach dem Fest, man glaubt es kaum,	Den Kopf schütteln
war ausgeträumt, der schöne Traum.	Eine abwertende Handbewegung machen

Hurra, Weihnachten ist endlich da!

Einsam gar und ganz alleine,	Sich hinknien
lag er im Hof und war am Weinen.	Die Augen wie beim Weinen reiben
Niemand wollt ihn jetzt noch sehn,	Den Kopf schütteln
ach, wie wars im Wald doch schön!	Traurig die Schultern senken
So ging dahin der schöne Traum	Winken
vom klitzekleinen Tannenbaum.	Den Kopf senken

Meditation

Glockengebimmel

- **Material:** vier Glocken in unterschiedlichen Größen (d. h. mit unterschiedlicher Tonhöhe); Adventskranz; vier leere Kärtchen; Stift
- **Und so wirds gespielt:** Diese Glockenmeditation erstreckt sich über die vier Wochen der Adventszeit. Jedes Mal, wenn eine Kerze auf dem Adventskranz angezündet wird, erklingt eine der Glocken und es wird für jede Kerze einer der Verse aufgesagt. D. h., in der ersten Adventswoche wird nur der erste Vers gesprochen, in der zweiten Adventswoche der erste und der zweite Vers usw. Die einzelnen Verse werden jeweils auf ein Kärtchen geschrieben und nach dem Aufsagen zusammen mit der Glocke zum Adventskranz gelegt.

Leise, ganz leise hört man ein Gebimmel,
es bringt eine Botschaft, direkt vom Himmel.
Und erzählt uns von einer fernen Zeit,
vom Fröhlichsein und von Heiterkeit.

Lauter, schon lauter hört man ein Gebimmel,
auch das bringt 'ne Botschaft, direkt vom Himmel.
Erzählt nun vom Frieden in dieser Welt,
und davon, dass Gott seinen Einzug hier hält.

Lauter, noch lauter hört man ein Gebimmel
und mit ihm die Botschaft, direkt vom Himmel.
Es berichtet von einem Weihnachtslicht,
von Freude und Glück in jedem Gesicht.

Und hört man an Heilig Abend Gebimmel,
dann ist sie da, die Botschaft vom Himmel.
Sie läuten für den, der ewig uns führt
und der uns're Herzen mit Liebe berührt

Meditation

Das kleine Himmelsglück

Material: Klangschale

Und so wirds gespielt: Zu Beginn des Gedichts, am Anfang jedes Verses und ganz am Schluss des Gedichts wird die Klangschale angeschlagen. Der dazugehörige Text wird jeweils von zwei bis drei Kindern vorgetragen.

Schaut euch die armen Leute an,
wer hilft der Frau, wer hilft dem Mann?
Sie sehen müde aus,
sie brauchen jetzt ein Haus.

Doch überall der gleiche Satz:
„Wir haben keinen Platz."
In diesem ganz besond'ren Fall
blieb für die beiden nur ein Stall.

Und bei den Hirten, bei der Herde,
kam ihr kleines Kind zur Erde.
Im Stroh, da lag es, winzig klein,
um es herum ein heller Schein.

Und mit dem Kind, man glaubt es kaum,
kam in die Welt der Weihnachtstraum.
Wir nähern uns nun Stück für Stück
diesem kleinen Himmelsglück.

Krippenspiel

Weihnachtsspiel zum Aufbau einer Krippenlandschaft

Material: Tücher; unterschiedliche Gegenstände für die Krippenlandschaft (Spielzeugtiere, kleine Häuser für ein Dorf, Steine etc.); eine Papierschriftrolle; ein Krippenstall mit Figuren von Maria, Josef und dem Jesuskind in der Krippe, Ochs und Esel sowie Hirten und Schafen; ein Türschild; ein großer Weihnachtsstern aus Pappe oder Holz; etwas Schafswolle; vier Kerzen in Gläsern

Und so wirds gespielt: Bei diesem Weihnachtsspiel entsteht nach und nach eine Krippenlandschaft. Zur Vorbereitung werden Tücher ausgelegt, die den Weg symbolisieren sollen, auf dem Maria und Josef nach Betlehem gehen. Entlang dieses „Weges" liegen Gegenstände, z. B. Bäume, Steine, Holzstückchen und vieles mehr, die die Vorstellung von einer Krippenlandschaft geben sollen. Die Weide mit den Hirten und Schafen sowie die Spielzeughäuser für das Dorf werden am Ende des Weges platziert.

1. Szene

Vorleser/in: Vor langer, langer Zeit wollte der Kaiser in Rom wissen, wie viele Menschen in seinem Reich lebten. Jeder sollte deshalb dort hingehen, wo er geboren wurde und sich in lange Listen eintragen lassen. Damit die Menschen davon erfuhren, schickte der Kaiser Botschafter los, die es ihnen erzählen sollten.

Ein Kind bringt die Papierschriftrolle mit der Nachricht des Kaisers und sagt:
Der Kaiser hat bestellt,
dass man euch alle zählt.
Drum geht dorthin, woher ihr seid,
damit man euch in Listen schreibt.

Die Papierschriftrolle wird dort abgelegt, wo der Weg nach Betlehem beginnt.

Hurra, Weihnachten ist endlich da! 65

2. Szene

Vorleser/in: Auch Maria und Josef machten sich auf den Weg. *(Der/Die Vorleser/in setzt die beiden Figuren an den Anfang der Weglandschaft.)* Sie kamen aus Betlehem. Der Weg dorthin war weit und beschwerlich. Da Maria bald ihr erstes Kind bekommen sollte, nahm Josef seinen Esel mit. Auf ihm sollte Maria nach Betlehem reiten.

Ein Kind bringt den Esel und sagt:
Zu Fuß, so ging man zu der Zeit,
der Weg war schwer und auch sehr weit.
Josef nahm den Esel mit,
auf dem Maria vorwärtsritt.

Der Esel wird zunächst neben Maria und Josef platziert und dann werden alle drei Figuren in die Mitte des Weges nach Betlehem gestellt.

3. Szene

Vorleser/in: Als Maria und Josef endlich in Betlehem ankamen, suchten sie nach einer geeigneten Unterkunft, damit Maria sich nach der langen und beschwerlichen Reise ein wenig ausruhen konnte. Doch in Betlehem gab es nirgendwo mehr ein freies Zimmer. Maria und Josef gingen von einem Haus zum anderen, aber keiner ließ sie hinein. An vielen Türen war ein Schild angebracht, auf dem stand:

Ein Kind kommt mit einem Türschild und sagt:
Geht weiter, geht weiter,
das Haus ist schon voll.
Bleibt nicht bei uns stehen,
wir woll'n euch nicht sehen.

Das Türschild sowie die Figuren von Maria, Josef und dem Esel werden zu dem kleinen Dorf gelegt bzw. gestellt.

4. Szene

Vorleser/in: Da es für Maria und Josef kein warmes Zimmer in Betlehem gab, blieb ihnen nichts anderes übrig, als in einen der vielen Schafställe zu ziehen, die es zu der Zeit rund um Betlehem gab. Kalt war es dort und der Wind wehte durch die Ritzen.

Zwei Kinder bringen den Krippenstall und sagen:
Auf der Weide, hinter'm Wall
blieb für die beiden nur der Stall.
Kein Haus gabs für die armen Leute,
damals nicht und auch nicht heute.

Der Stall wird am Ende des Weges abgestellt. Die Figuren von Maria und Josef werden im Stall platziert.

5. Szene

Vorleser/in: Im Stall kam nun das kleine Jesuskind zur Welt. Da Maria und Josef kein warmes Bett für ihr Kind hatten, legten sie es in die Futterkrippe der Tiere.

Ein Kind bringt eine Krippe mit der Jesusfigur und sagt:
Ohne Geld, doch auf der Welt,
blieb nur die Krippe, wird erzählt.

Hilflos lag es dort im Stroh
und machte doch die Menschen froh.

Die kleine Figur wird mit der Futterkrippe zu Maria und Josef in den Stall gestellt.

6. Szene

Vorleser/in: In dem Stall lebten auch ein Ochse und ein Esel. Sie waren die ersten, die das kleine Jesuskind zu sehen bekamen. Mit großen Augen näherten sie sich der Futterkrippe.

Ein Kind bringt einen Ochsen und den Esel und sagt:
Das kleine Kind war zu bedauern,
Ochs und Esel wollten lauern.
Sie konnten ihm nur Wärme geben,
so blieb das Jesuskind am Leben.

Der Ochse und der Esel werden in dem Stall abgestellt.

7. Szene

Vorleser/in: Ein großer neuer Stern verkündete die Ankunft des kleinen Jesuskindes. Er stand über dem alten Schafstall und leuchtete weit in die Welt hinaus.

Ein Kind kommt mit einem großen Stern und sagt:
Ein Stern hat in der dunklen Nacht
ein Leuchten in die Welt gebracht.
Und bis heute sagt der Stern:
Gott hat alle Menschen gern.

Das Kind stellt sich mit dem Stern hinter den Stall.

8. Szene

Vorleser/in: Nicht weit vom Stall entfernt standen die Hirten bei ihren Schafherden. Plötzlich wurden sie von einem hellen Licht überrascht und ein Engel brachte ihnen die Botschaft von der Geburt des Jesuskindes.

Ein Kind kommt mit einer brennenden Kerze in einem Glas in der Hand und sagt:
Der Engel sprach: „Nun ist es wahr,
das Jesuskind ist endlich da!
Geht hin zum Stall, kommt ihm entgegen,
es bringt euch Gottes frohen Segen."

Die Kerze wird auf der Schafweide bei den Hirten abgestellt.

9. Szene

Vorleser/in: Schnell machten sich die Hirten auf den Weg zum Stall. *(Der/Die Vorleser/in stellt die Hirten- und Schafsfiguren direkt vor den Krippenstall.)* Da sie selbst nicht viel zum Leben hatten, konnten sie auch dem Jesuskind keine großen Geschenke bringen. Nur ein wenig weiche Wolle von ihren Schafen nahmen sie mit.

Ein Kind bringt ein wenig Schafswolle und sagt:
Als Erstes wurd' den Hirten klar,
dass Gott als kleines Kind da war.
Sein Sohn kam auf dem großen Feld
bei armen Leuten auf die Welt.

Die Wolle wird in den Stall gelegt.

10. Szene

Vorleser/in: Mit dem kleinen Jesuskind kam das Licht in die Welt zurück. Und so, wie sich damals die Menschen darüber gefreut haben, so sollen auch wir uns heute freuen und diese Freude an andere Menschen weitergeben.

Drei Kinder, jedes mit einer brennenden Kerze in einem Glas in der Hand, kommen und sprechen nacheinander jeweils zwei Zeilen des folgenden Gedichts. Die letzte Zeile sagen alle gemeinsam.
Willkommen, liebes Jesuskind,
mit dem die Weihnachtszeit beginnt.

Willkommen, wunderbares Licht,
von dem die ganze Welt nun spricht.

Willkommen hier in unser'm Leben,
sei auch bei uns mit deinem Segen.

Frohe Weihnachten!

Gedicht

Liebes Christkind, komm herein

Endlich hats heut' Nacht geschneit,
nun ist das Christkind nicht mehr weit.
Zündet schnell die Kerzen an,
damit's den Weg erkennen kann.

Öffnet ihm die Türen,
sonst muss es noch erfrieren,

denn draußen in dem Winterwald,
da weht der Wind so bitterkalt.

Sein Weg zu uns ist weit und schwer,
trotzdem kommt es zu uns hierher,
damit es auf der kalten Erde,
endlich wieder wärmer werde.

Gedicht

Der Weihnachtsstern

Still und leise fällt der Schnee,
unterm Eis, da ruht der See.

Und auf vielen Tannenspitzen,
sieht man Eiskristalle sitzen.

Bäume, Sträucher, alles weiß,
die Welt um uns, sie wird ganz leis'.

Nur der große Weihnachtsstern,
leuchtet hell auf in der Fern'.

Erinnert uns mit seinem Licht:
„Weihnacht ist da – vergiss es nicht!"

Wintermann und Schneeballschlacht

Lustige Theaterstücke und dynamische Reimspiele zur Winterzeit

Bewegungsreim

Schneeflockengewimmel

Schau nur, wie es lustig schneit,	*Mit Zappelfingern das Schneien andeuten*
der Garten trägt ein Glitzerkleid.	*Die Arme ausbreiten*
Überall wohin ich seh',	*Eine Hand waagrecht über die Augen legen*
liegt bereits der schöne Schnee.	*und rundherum in die Ferne blicken*
Selbst das Dach von unser'm Haus	*Mit den Händen ein Hausdach andeuten*
glitzert und sieht silbern aus.	
Und auf uns'rer kleinen Wiese	*Mit den Armen eine kleinen waagrechten Kreis andeuten*
steht ein dicker Schneemannriese.	*Die Arme ausbreiten*
Hat auf seinem Schneemannkopf	*Die Hände auf den Kopf legen*
unser'n alten Suppentopf.	
O ich liebe das Gewimmel,	*Die Zappelfinger von oben nach unten bewegen*
das da fällt vom grauen Himmel.	

Lichterspiel

Schneeflocken-Taschenlampentanz

- **Material:** pro Kind eine Taschenlampe; festes Papier; Scheren; Kleister
- **Und so wirds gespielt:** Aus dem festen Papier Schneeflockensterne ausschneiden und mit Kleister vor die Taschenlampen kleben. In einem abgedunkelten Raum entfaltet sich die Wirkung der Schneeflocken-Taschenlampen am besten.

Schneeflocken tanzen immer rauf und runter,	*Die Taschenlampen auf und ab bewegen*
Schneeflocken tanzen immer hin und her	*Die Taschenlampen hin- und herbewegen*
Schneeflocken drehen sich herum im Kreise,	*Die Taschenlampen kreisend bewegen*
Schneeflocken fallen, fallen immer leise.	*Mit leiser Stimme sprechen*
Schneeflocken liegen unten und auch oben,	*Die Taschenlampen unten und oben hin- und herbewegen*
Schneeflocken können manchmal ganz wild toben.	*Die Taschenlampen heftig hin- und herbewegen*
Schneeflocken fliegen übers ganze Land,	*In die Ferne deuten und sich dabei um sich selbst drehen*
Schneeflocken liegen manchmal auf der Hand.	*Die Hände auf die Taschenlampen legen*
Schneeflocken bleiben lang an einem Ort, doch wird es wieder warm, dann sind sie alle fort.	*Sich ganz still halten* *Die Taschenlampen ausschalten*

Tipp: Wenn man die Schneeflocken an einer Wand „tanzen" lässt, sieht das besonders hübsch aus.

Tanzspiel

Schneeflockentanz mit einem Tuch

Material: ein großes weißes, rundes Tuch, z. B. eine Tischdecke

Und so wirds gespielt: Die Kinder stehen im Kreis und halten das Tuch alle gemeinsam mit beiden Händen fest.

Schneeflocken tanzen heute um mich her,	*Gemeinsam im Kreis herumgehen*
Schneeflocken wirbeln immer, immer mehr.	*Das Tuch bewegen und dabei weitergehen*
Und wenn es dann ganz tüchtig schneit,	*Stehenbleiben und das Tuch auf und ab bewegen*
dann trägt die Erd' ihr Winterkleid.	*Das Tuch kurz auf den Boden legen*
Schneeflocken tanzen heute um mich her,	*Erneut gemeinsam im Kreis herumgehen*
Schneeflocken wirbeln immer, immer mehr.	*Das Tuch bewegen und dabei weitergehen*
Frau Holle muss die Betten schütteln	*Stehenbleiben und das Tuch schütteln*
und der Wind die Wolken rütteln.	*Das Tuch auf und ab bewegen*
Schneeflocken tanzen heute um mich her,	*Erneut gemeinsam im Kreis herumgehen*
Schneeflocken wirbeln immer, immer mehr.	*Das Tuch bewegen und dabei weitergehen*
Sie sausen um die Häuserecken	*Das Tuch mit einer Hand hochhalten und sich darunter um sich selbst drehen*
und besetzen jeden Flecken.	*Das Tuch kurz auf den Boden legen*
Schneeflocken tanzen heute um mich her,	*Erneut gemeinsam im Kreis herumgehen*
Schneeflocken wirbeln immer, immer mehr.	*Das Tuch bewegen und dabei weitergehen*
Und ist der Flockentanz dann aus,	*Zur Mitte gehen und das Tuch zusammenführen*
dann gehen wir geschwind nach Haus.	

Bewegungsreim

Alles ist weiß

Material: ein großes weißes, rundes Tuch, z. B. eine Tischdecke

Und so wirds gespielt: Die Kinder stehen im Kreis und halten das Tuch alle gemeinsam mit beiden Händen fest.

O wie lustig fällt der Schnee auf die Bäume, auf den See.	*Das Tuch auf und ab bewegen*
Sogar die alte Gartenhecke hat nun eine weiße Decke.	*Das Tuch absinken lassen*
Wald und Feld sind eingeschneit, denn es ist jetzt Winterszeit.	*Das Tuch auf und ab bewegen*
Und wenn es dann noch tüchtig stürmt, dann wird der Schnee hoch aufgetürmt.	*Das Tuch schnell bewegen* *Das Tuch einmal über den Kopf heben*
Die vielen Flocken fallen leise, machen eine weite Reise.	*Ganz leise gemeinsam im Kreis herumgehen*
Ja, sogar das dicke Eis ist in diesem Winter weiß.	*Das Tuch beim Gehen im Kreis knapp über den Boden halten*
Doch blüht im Mai der Klee, dann geht er weg, der viele Schnee.	*Zur Mitte gehen und das Tuch zusammenführen*

Theaterspiel

Die Schneeballschlacht

Material: eine große Leinwand; ein scheppernder Gegenstand (z. B. ein alter Suppentopf); kleine Wattekugeln

Und so wirds gespielt: Am Beginn dieses kleinen Theaterspiels stehen alle zehn Kinder hinter einer Leinwand, die von zwei Erwachsenen in Brusthöhe der Kinder gehalten wird. Dann sprechen sie gemeinsam den ersten, vierzeiligen Vers des Texts. Dabei knetet jedes Kind pantomimisch einen Schneeball.
Daraufhin beginnt das erste Kind in der Reihe, den ersten zweizeiligen Vers („Das erste wirft ihn mit ‚Krawumm' …") zu sprechen und die dazugehörigen Bewegungen zu machen. Anschließend kniet sich das Kind ganz hinter die Leinwand, sodass es nicht mehr zu sehen ist. Danach kommt das zweite Kind mit dem nächsten Vers dran usw., bis alle an der Reihe waren. Zum Schluss stellen sich alle wieder aufrecht hin und werfen vorbereitete, kleine Wattekugeln ins Publikum. Dabei wird der letzte Zweizeiler wieder gemeinsam aufgesagt.

Wintermann und Schneeballschlacht

Zehn Kinder sind es, schaut nur her, sie lieben Schneeballwerfen sehr. Jeder macht sich einen Ball und fertig ist der Schneekristall.	*Gegenseitig auf sich zeigen (alle)* *Mit dem Kopf nicken* *Pantomimisch einen Schneeball kneten* *Den Ball herzeigen*
Das erste wirft ihn mit „Krawumm", sein Ball fliegt fast ums Haus herum.	*Pantomimisch mit Schwung werfen* *Sich auf der Stelle um sich selbst drehen*
Beim zweiten macht es ganz laut „platsch!", der Ball fällt vor ihm in den Matsch.	*In die Hände klatschen* *Den Ball pantomimisch vor sich fallen lassen*
Das dritte hat ganz kalte Ohren und heult, es hat den Ball verloren.	*Sich an den Ohren reiben* *Sich wie beim Weinen die Augen reiben*
Dem vierten tun die Hände weh von all dem vielen kalten Schnee.	*Sich die Hände reiben*
Das fünfte trifft von Paul die Mütze, dann fällt der Ball in eine Pfütze.	*Den Ball pantomimisch auf den Nebenmann werfen* *Nach unten schauen*
Das sechste, das lacht sich schon schlapp, sein Ball verfehlt die andern knapp.	*Laut lachen* *Den Ball pantomimisch über die Köpfe der anderen werfen*
Das siebte trifft den Schneemannkopf, herunter fällt der Suppentopf.	*Pantomimisch ganz weit werfen* *Etwas scheppern lassen*
Das achte freut sich übers Wetter, sein Ball knallt krachend an die Bretter.	*Sich freudig die Hände reiben* *Pantomimisch den Ball werfen und etwas fallen lassen*

Das neunte, das fängt an zu weinen und ruft ganz laut: „Ich habe keinen!"	*Das Gesicht weinerlich verziehen und die Schultern fragend anheben*
Als letztes kommt in einem Bogen der kleinste Schneeball angeflogen.	*Den Ball pantomimisch in einem Bogen werfen*
Zehn Kinder sind es, schaut nur her, sie lieben Schneeballwerfen sehr.	*Hinter der Leinwand hervorkommen und mit kleinen Wattekugeln werfen*

Klatschspiel

Überall liegt Schnee

Und so wirds gespielt: Die Kinder bilden Paare und stehen sich einander gegenüber.

E, e, e,	*Im Rhythmus des Verses abwechselnd in die eigenen Hände und gegen die Handflächen des Spielpartners klatschen*
überall liegt Schnee.	*Im Rhythmus des Verses überkreuz gegen die Handflächen des Spielpartners und bei „Schnee" in die eigenen Hände klatschen*
O, o, o,	*Im Rhythmus des Verses abwechselnd in die eigenen Hände und gegen die Handflächen des Spielpartners klatschen*
das macht uns Kinder froh.	*Im Rhythmus des Verses überkreuz gegen die Handflächen des Spielpartners und bei „froh" in die eigenen Hände klatschen*

Tipp: Bei den Wiederholungen des Spiels wird das Tempo gesteigert.

Klatschspiel

Der Wintermann

ℹ️ **Und so wirds gespielt:** Die Kinder bilden Paare und stehen sich einander gegenüber.

Der Wintermann, der Wintermann,	*Im Rhythmus des Verses abwechselnd in die eigenen Hände und dann überkreuz gegen die Handflächen des Spielpartners klatschen*
der klopft an uns'ren Türen an.	*Im Rhythmus des Verses die eigenen Fingerknöchel gegen die des Spielpartners klopfen*
Er bringt uns Eis und Schnee,	*Im Rhythmus des Verses abwechselnd in die eigenen Hände und dann überkreuz gegen die Handflächen des Spielpartners klatschen*
o weh, o weh, o weh!	*Die Hände an die des Spielpartners halten und so gemeinsam hin- und herbewegen*

Fingerspiel

Endlich hat es geschneit!

Der dicke Anton ruft: „Es schneit, es schneit, das wurde nun auch wirklich Zeit!"	*Eine Faust machen und dabei den Daumen in die Höhe strecken*
Sein Freund daneben springt schon auf und setzt sich auf den Schlitten drauf.	*Den Zeigefinger aus der Faust „hochspringen" lassen*

Wintermann und Schneeballschlacht

Der lange Egon steht am Zaun, dort will er seinen Schneemann bau'n.	*Den Mittelfinger ausstrecken*
Klaus ruft laut: „Hurra, hurra, ich mache mit, ich bin schon da!"	*Den Ringfinger ausstrecken*
Auch Max, der Kleinste, ist jetzt froh,	*Den kleinen Finger ausstrecken*
er rutscht sogar schon auf dem Po.	*Auf den Po zeigen*
Zum Schluss gibts noch 'ne Schneeballschlacht,	*Pantomimisch einen Schneeball formen und werfen*
nach Hause geht es erst um acht.	*Acht Finger in die Luft halten*

Bewegungsreim

Fünf Kinder im Schnee

ⓘ Und so wirds gespielt: Fünf Kinder stehen in der Mitte eines von der restlichen Gruppe gebildeten Kreises. Der erste zweizeilige Vers wird von allen gemeinsam gesprochen, danach spricht jedes der fünf Kinder nacheinander einen der folgenden Verse und hockt sich dann auf den Boden. Der letzte zweizeilige Vers wird dann wieder von allen gemeinsam gesprochen.

In einem winterweißen Land stehen fünf Kinder, Hand in Hand.	*Den Text gemeinsam sprechen und sich kurz an den Händen fassen*
Das erste ruft: „Es schneit, es schneit, ich sehe Flocken weit und breit!"	*Mit Zappelfingern das Schneien andeuten und dann die Arme ausbreiten*
Das zweite sagt: „Dieses lustige Gewimmel kommt direkt vom grauen Himmel."	*Mit Zappelfingern das Schneien andeuten und dann nach oben zeigen*

Wintermann und Schneeballschlacht

Das dritte ruft: „Die weiße Pracht hat uns der Winter mitgebracht!"	*Die Arme ausbreiten und sich einmal um sich selbst drehen*
Das vierte sagt: „Halli, hallo, Schneeflocken machen mich so froh!"	*Den anderen zuwinken und die Arme freudig nach oben bewegen*
Das fünfte ruft: „Ich will nicht frieren, ich gehe heut' ganz schnell spazieren!"	*Den Kopf schütteln und ein paar Schritte gehen*
So freuen sich fünf kleine Kinder auf den schönen, weißen Winter.	*Gemeinsam aufstehen und sich wieder an den Händen fassen*

Bewegungsreim

Winterpantomime

Die Maus, sie zieht ins Mauseloch, wenn der Winter an die Türen pocht.	*Wie eine Maus laufen* *Pantomimisch anklopfen*
Die Vögel, sie ziehen in warme Gefilde, wenn der Winter kommt, dieser kalte, wilde.	*Die Arme wie Flügel schwingen* *Vor Kälte zittern*
Wir Menschen, wir machen den Ofen an, wenn der Winter schleicht mit Frost heran.	*Pantomimisch ein Streichholz anzünden* *Eine schleichende Bewegung machen*
Und fällt leis' der Schnee dann vom Himmel herab, dann hol'n wir den Schlitten und fahren bergab.	*Mit Zappelfingern, die sich von oben nach unten bewegen, das Schneien andeuten* *Pantomimisch „bergab" andeuten*
Wir bauen den Schneemann und werfen den Ball und sind ganz entzückt von dem weißen Kristall.	*Mit dem Armen einen Kreis andeuten und dann pantomimisch einen Schneeball werfen* *Die Arme freudig in die Luft strecken*

Wintermann und Schneeballschlacht 83

Bewegungsreim

Der Schneemann

Wenn es draußen schneit und friert	*Mit Zappelfingern das Schneien andeuten und dann pantomimisch vor Kälte zittern*
und die Luft vor Kälte klirrt,	*Die Arme schützend um den Körper legen*
kommt zu uns ein dicker Mann,	*Die Arme im Kreis um den Körper herumführen*
der sich niemals wärmen kann.	*Den Kopf schütteln*

Sein Bauch ist rund, so wie ein Ball, und weiß gepudert überall.	*Mit den Armen Kreise in die Luft malen* *Mit den Händen den eigenen Körper entlangtasten*
Er kann sich nicht bewegen, nicht mit dem Besen fegen.	*Bewegungslos und steif stehen*
Bis zum Frühjahr steht er stumm, danach fällt er dann langsam um.	*Den Oberkörper langsam nach unten bewegen*

Fingerspiel

Fünf Männer im Schnee

Fünf Männer im Garten, die sind ganz aus Schnee. Der Erste ist dick, er träumt schon vom Klee.	*Alle fünf Finger zeigen und dann eine Faust machen* *Den Daumen zeigen und dabei die Augen schließen*
Dem Zweiten kribbelts in seinem Bauch, dort spürt er den nahen Frühling wohl auch.	*Den Zeigefinger zeigen und mit der anderen Hand auf dem Bauch kribbeln*
Der Dritte ist der größte von allen, der möchte noch lange nicht umfallen.	*Den Mittelfinger zeigen* *Den Kopf schütteln*

Wintermann und Schneeballschlacht

Dem Vierten laufen schon Tropfen vom Kopf, auf dem sitzt noch der Suppentopf.	*Den Ringfinger zeigen und mit der anderen Hand das Tropfen von Wasser andeuten* *Die Hände als Hut auf den Kopf legen*
Der Fünfte, der ist schon ganz klein, der wird wohl bald nur Wasser sein.	*Den kleinen Finger zeigen* *Mit der anderen Hand wellenartige Bewegungen machen*
So geht es nun einmal fünf Männern aus Schnee, wenn sie spüren den Frühling und träumen vom Klee.	*Alle fünf Finger zeigen*

Verzeichnis der Mitmachideen

Alles ist weiß 75
Blättertanz 20
Das Blättermännchen 20
Das Geisterspiel 18
Das kleine Himmelsglück 63
Das Sternenband 56
Das Weihnachtsband 59
Der Brausewind 22
Der gute, alte Nikolaus 47
Der Niklaustanz 42
Der Nikolaus-Esel 38
Der Nikolaus geht rum 41
Der Nikolaus ist da 35
Der Nikolaus kommt heute Nacht 40
Der Schneemann 83
Der Tannenbaum 61
Der Weihnachtsstern 70
Der Wintermann 79
Die Glockenreise 60
Die Kastanienklopfer 12
Die kleine Eichelmaus 11
Die Martinszeit ist da 29
Die Piffelpaffelbinis 9
Die Schneeballschlacht 76
Die Wandernüsse 13
Die Weihnachtsmannspur 48
Ein Licht zum Teilen 27
Endlich hat es geschneit! 79

Es rumpelt vor dem Haus 43
Fünf Kinder im Schnee 80
Fünf Männer im Schnee 84
Geisterstunde 16
Glockengebimmel 62
Halloween 16
Herbstzauber 23
Hexenbesen fliegen 14
Hi, ho, ha, der Nikolaus ist da 36
Hui, so braust der Wind 18
Hurra, der Herbst ist da! 23
Knecht Ruprecht 47
Leise Weihnachtswelt 54
Leuchte, kleiner Wunderstern 54
Leuchtet, kleine Sterne 52
Lichtertanz 31
Lichterzeit 27
Lieber guter Nikolaus 46
Liebes Christkind, komm herein 69
Mannomann, mannomann 57
Mein Drachen ist der Hit! 25
Mit dem Besen reiten wir 15
Mit Laternen gehen 33
Nikolaus, komm schnell herbei 37
Nikolaus vorm Haus 45
Ob's stürmt, ob's schneit ... 44
Olala, olala, Weihnachten ist endlich da! 51
Schallali und schallala 58

Schneeflockengewimmel 72
Schneeflockentanz mit einem Tuch 74
Schneeflocken-Taschenlampentanz 72
Sternengefunkel 49
St. Martin, edler Rittersmann 32
Überall liegt Schnee 78

Weihnachtsspiel zum Aufbau einer
  Krippenlandschaft 64
Wie der Wind, so geschwind 10
Winterpantomime 82
Wir gehen mit Laternen raus 30

Don Bosco – Kompetenz für Krippe und KiGa

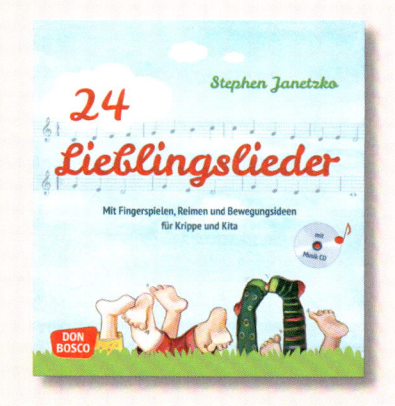

88 Seiten, verdeckte Spiralbindung, farbig illustriert, Notensatz mit Akkorden, inkl. Musik-CD mit 70 Minuten Spielzeit
ISBN 978-3-7698-2205-2

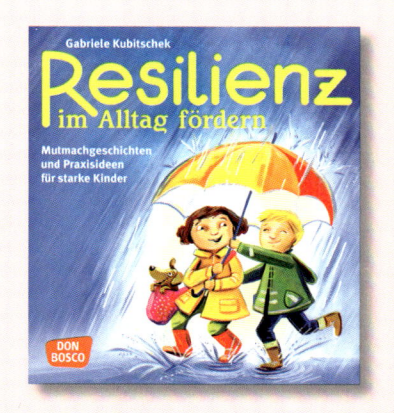

84 Seiten, kartoniert, farbig illustriert
ISBN 978-3-7698-2206-9

Format: DIN A5, 32 Karten, beidseitig bedruckt, farbig illustriert, inkl. methodischer Hinweise, in Pappbox
EAN 426017951 346 6

Format: DIN A5, 32 Karten, beidseitig bedruckt, farbig illustriert, inkl. methodischer Hinweise, in Pappbox
EAN 426017951 344 2

www.donbosco-medien.de

DON BOSCO

LEBENDIG. KREATIV. PRAXISNAH.